COMMENT DEVENIR RICHE

EN LIGNE

Découvrez comment gagner de l'argent
rapidement sans vous faire plumer sur Internet

Comment devenir riche en ligne
Découvrez comment gagner de l'argent rapidement
sans vous faire plumer sur Internet
Copyright © Jérémy Chevalond
ISBN 978-1491223406

INTRODUCTION

Tout d'abord bravo pour avoir pris la décision d'améliorer sans tarder votre style de vie, en utilisant ce fabuleux outil qu'est Internet. Avant d'aller plus loin, permettez-moi de vous en dire rapidement un peu plus à mon sujet.

Dans un passé pas si éloigné, j'étais chargé du courrier dans une banque d'affaires, avec un maigre salaire et des difficultés plein les bras. Avant d'en arriver là où je suis donc, j'ai dû comme beaucoup "trimer" sans relâche et même faire des extras les week-ends dans un *McDo*.

Je n'ai jamais eu honte d'aucun de ces deux jobs. Simplement, j'aspirais à autre chose. Alors j'ai longuement surfé le web à la recherche d'opportunités, essayé tout ce qu'il est possible de tester, allant de déception en déception pour finalement me retrouver plus en difficulté qu'auparavant.

Même s'il m'a fallu un certain temps pour changer radicalement de système, le jour où j'ai enfin pu identifier mes erreurs et transformer mon approche a résolument été celui où j'ai pris la meilleure décision de ma vie.

Cherchez-vous aussi à obtenir une véritable indépendance financière, à "virer" votre boss en quelque sorte ? Ou peut-être êtes-vous simplement curieux(se) sur le sujet ?

Quelles que soient vos motivations vous avez entre les mains un livre sérieux, qui va non seulement vous aider à prendre la bonne direction pour devenir riche en utilisant le web, mais en plus à éviter certains pièges, afin d'obtenir rapidement des résultats concrets et mesurables.

Cependant avant d'entrer dans le vif du sujet permettez-moi de clarifier un point, pour éviter la confusion et vous permettre de tirer les meilleurs bénéfices de l'info contenue dans ce livre.

D'abord, vous pouvez taper mon nom dans *Google* : vous ne trouverez aucune espèce d'info à mon sujet, et c'est bien voulu. Comme beaucoup d'auteurs, j'utilise ce qu'on appelle un pseudo, et ne recherche absolument pas la célébrité.

Pas pour d'obscures raisons, ni par manque de respect pour vous : j'éprouve énormément d'admiration et de respect pour quiconque choisit d'avancer à pas de géant, et de prendre son indépendance financière en main, sans attendre vainement des circonstances externes qui ne viendront jamais d'elles-mêmes.

Non. Si je ne diffuse pas mon identité partout sur Internet, c'est parce qu'à l'inverse d'autres pros du web dont le gagne-pain est directement lié à l'image (et je respecte tout à fait ce choix) j'ai choisi de mener mes activités dans l'anonymat le plus total, et de vivre tranquillement de mes passions dans l'intimité de mon proche entourage, sans devoir me préoccuper d'entretenir un profil public.

Et pour autant l'une de mes grandes passions (après les voyages :) est d'utiliser une partie de mon temps libre pour écrire et aider mes semblables à se développer. Après l'avoir fait dans mon entourage direct, j'ai choisi aujourd'hui d'en faire profiter un plus grand nombre de personnes.

J'espère donc que vous ne me tiendrez pas rigueur de ce choix de discrétion. Vous pouvez vous aussi, utiliser Internet pour gagner très confortablement votre vie sans pour autant devoir vous afficher au vu de tous et bien entendu, dans la plus parfaite légalité.

Maintenant vous avez le droit – et même le devoir envers vous-même – de douter, ou bien encore de vous demander si je ne fais pas partie de ces types qui s'enrichissent sur le dos des autres, simplement avec un bouquin.

Dans ce cas je vous propose un deal tout simple :

J'ai la conviction absolue qu'en suivant attentivement les principes abordés dans ce guide, vous allez radicalement transformer votre vie et prendre la bonne direction pour devenir riche, car ces principes fonctionnent pour qui les applique à la lettre avec persévérance.

Et ce quel que soit votre âge, votre niveau d'éducation, votre culture et votre situation financière actuelle.

Donc, donnez-vous une chance d'en retirer tous les bénéfices en le lisant attentivement jusqu'au bout. Si jamais par hasard vous n'estimiez pas son contenu suffisamment valable pour vous, faites-vous rembourser tout simplement.

ET PUIS…

Il est possible lors de certains passages, que vous éprouviez parfois le besoin de me détester, et me traiter de sale prétentieux. Parfait. Libérez vos émotions. C'est votre droit le plus absolu et je comprends tout à fait, parce que j'aurais certainement réagi de la même façon dans ce que j'appelle ma "vie antérieure".

Je n'ai pas écrit ce livre dans le but d'être aimé. Mais dans celui d'aider ceux et celles qui le souhaitent vraiment, à obtenir ou améliorer des résultats et transformer radicalement leur existence pour mener le style de vie dont ils rêvent, ou n'osent carrément plus rêver.

Ma promesse, c'est que si vous passez au-delà de vos sentiments personnels pour ouvrir votre esprit et lire attentivement ce livre jusqu'au bout, vous allez en retirer des bénéfices inestimables pour votre vie, et pas seulement financièrement.

J'aime à penser que ma mission est d'apporter une vraie contribution à quiconque cherche à mener cette aventure unique de prendre l'ascenseur social, devenu plus accessible grâce aux nouvelles technologies et à leur simplicité d'utilisation.

Merci d'être là et de partager cette aventure,

Jeremy Chevalond

SOMMAIRE

L'ÉTAT D'ESPRIT

VOTRE ÉTAT D'ESPRIT ET VOS RÊVES

N'importe quel individu ayant réussi à s'enrichir, que ce soit par Internet ou autrement, a forcément développé avant toute autre chose, un certain état d'esprit : c'est incontestable et on voit bien autour de nous la différence d'état d'esprit entre ceux qui ont réussi et les autres.

Le problème, c'est que beaucoup de gens s'imaginent qu'on développe un certain état d'esprit quand on est riche, et un autre quand on vit à peine du minimum nécessaire ou même juste au-dessus de la moyenne.

Si vous fonctionnez de cette façon, le meilleur conseil que je puisse vous donner est de considérer la réalité suivante : c'est dans l'autre sens que ça fonctionne.

Incontestablement, ceux qui ont réussi sans naître dans la soie ont d'abord développé un certain état d'esprit et ensuite, se sont mis en action.

Avez-vous des rêves auxquels vous avez renoncé ? Question bateau et idiote à la fois sans doute car si ce n'était pas le cas, vous n'auriez probablement pas ce guide entre les mains.

Simplement je soulève cette question parce qu'elle est importante à considérer dans votre désir - plus encore dans votre démarche - de devenir riche et de réaliser enfin vos rêves, même ceux que vous avez pu enfouir depuis plus ou moins longtemps.

Il y a plusieurs sortes de rêves, mais mettons de côté les cauchemars et classons les rêves en 2 catégories :

1/ Les rêves vagues, flous, sans but défini... (Gagner à la loterie, partir sur une île, etc.)

2/ Les rêves définis, concrets (s'offrir une nouvelle maison, partir en voyage, être au volant d'une belle voiture… Chacun sa liste !

Et puis, il y a 2 façons de rêver :

A/ Rêver passivement, "en espérant que..."

B/ Rêver activement, en suivant un plan.

Ici, on va plutôt s'intéresser à "B". Bien sûr, il arrive de faire des plans et d'échouer. Deux alternatives s'offrent alors : abandonner ou recommencer jusqu'à ce que vos rêves deviennent réalité.

Maintenant, tous ceux qui croient en leur rêves ne réussissent pas forcément (vous allez rapidement comprendre pourquoi !) mais dans l'autre sens, tous ceux qui réussissent ont forcément cru en leurs rêves et l'une des différences entre les deux, c'est d'avoir – ou pas – suivi un plan !

En résumé qui que vous soyez, quelles que soient votre culture, votre éducation, votre expérience jusque-là, quels que soient vos échecs et réussites du passé...

Du moment que vous avez assez de compréhension pour assimiler ce qu'on aborde ici et un réel désir de réaliser des rêves définis, vous avez alors déjà l'essentiel de tout ce qui est nécessaire pour réussir et devenir riche, ceci à condition de suivre un plan et de vous y coller quoi qu'il arrive.

Ensuite une bonne connexion Internet, quelques efforts, une bonne dose de motivation et le plus important de tout… Passer à l'action !

AVEZ-VOUS CETTE MALADIE ? DÉBARRASSEZ-VOUS-EN !

Avez-vous déjà entendu ceci quelque part ? =

"Je suis trop jeune" ou "Trop vieux"

"Je n'ai pas le temps"

"Je n'ai pas assez de connaissances"

"Je n'ai rien pour démarrer"

Etc., etc. Il y en a d'autres évidemment, mais ce sont les plus communes. On appelle cela "l'excusite". Ce n'est pas une maladie officielle ni un terme reconnu par le dico, mais c'est la meilleure définition de ce type d'affirmation assassine.

Ceci dit si vous souffrez d'"excusite", vous allez découvrir au fur et à mesure de ce livre les meilleurs moyens de vous en débarrasser. Et cela commence par une vision.

VOTRE VISION, VOS OBJECTIFS, VOTRE PLAN

Le simple fait que le web ouvre bien davantage de perspectives qu'auparavant pour qui veut devenir riche plus rapidement, ne signifie pas qu'il suffit d'une connexion Internet pour s'enrichir!

Comme pour tout projet de développement et avant d'en aborder les étapes, il est crucial d'avoir une vision.

Car le point commun de tous les entrepreneurs qui réussissent est d'avoir une vision de leur entreprise et ce, tous secteurs et toutes proportions confondues, qu'il s'agisse d'Internet ou non. Ensuite, ils se fixent des objectifs et suivent un plan.

Ils savent exactement sur quoi ils travaillent, et montent une affaire qui correspondra à leur vision du futur.

Faire un "break" de temps en temps est donc une bonne idée, pour prendre le temps de reconsidérer la vision que vous avez de votre affaire. De cette façon, vous vous assurez de toujours maintenir le bon cap.

Et puis enfin avoir juste envie de gagner mieux sa vie sans d'abord une vision, des objectifs et un plan, reviendrait à grimper dans un taxi et lui dire "Emmenez-moi" ! Vous n'iriez pas bien loin sans indiquer une destination.

COMMENT CRÉER UNE VISION POUR VOTRE ENTREPRISE WEB ?

La première étape, c'est de vous demander ce que vous voulez créer exactement avec votre affaire. Imaginez le profil d'entreprise qui colle à votre idéal, à vos attentes, à vos projets.

Pour le moment, ne vous laissez pas distraire par ce qui vous semble possible ou pas, ce qui pourrait fonctionner ou pas, etc.

Contentez-vous pour le moment de considérer toute possibilité susceptible de vous amener à la réalisation de votre vision, de vos objectifs (Nous allons revenir un peu plus loin sur les objectifs, qui sont une part importante de votre démarche d'entrepreneur).

Gardez à l'esprit que votre vision vous appartient pleinement. Ce que j'entends par là, c'est que même si votre vision peut être semblable à celle d'autres individus, nul autre ne pourra la copier car elle est personnelle et représente votre propre idéal de vie.

Globalement, certaines personnes seront inspirées par un désir de faire quelque chose de nouveau et de différent par rapport à leur activité actuelle. D'autres, juste par la perspective de générer un revenu complémentaire.

D'autres personnes seront séduites par l'idée de créer de nouveaux produits ou services, qui collent mieux aux besoins actuels d'autres individus ou entreprises par exemple.

Et puis d'autres peuvent tout simplement vouloir devenir riches.

Vous devez aller vers le choix qui cadre le plus avec vos ressentis et votre personnalité, mais c'est encore trop vague : A partir de votre vision de base il vous faut en construire une plus concrète, plus étoffée, en déterminant avec exactitude quelle différence vous voulez faire dans votre vie.

A partir de là il vous faut suivre une certaine ligne, un "process" ou un standard si vous préférez, pour amener dans la réalité la vision que vous avez établie. Et c'est ce qu'on va voir dans ce qui suit.

AMENER DE LA VALEUR AUX AUTRES

L'unique moyen honnête de s'enrichir – en-dehors des gains aux loteries qui est un sujet sur lequel je ne vais même pas m'attarder une seconde – c'est le principe d'échange : vous amenez de la valeur, on vous rétribue pour cette valeur.

C'est une évidence, mais une de ces évidences qui n'est pas toujours perçue comme telle par un certain nombre de personnes, qui s'imaginent que l'argent devrait couler naturellement, et considèrent comme injuste le fait que l'univers ne leur procure pas naturellement ce qu'ils attendent.

Si comme beaucoup de personnes vous appréhendez les choses de cette façon, je vous recommande vivement de transformer immédiatement votre vision des choses sur ce sujet, et de considérer un changement radical d'état d'esprit. Du moins si vous souhaitez réellement gagner beaucoup d'argent.

Une fois que vous avez imaginé votre idéal avec une vision claire de ce que vous voulez, prenez un peu le temps d'étudier de quelle façon vous allez faire une différence pour les autres.

Par exemple, développer une norme de service meilleure que dans d'autres entreprises ? Faire connaître un produit dont le besoin est si important que vos clients vont rapidement vous recommander ? Publier de l'information dans un domaine que vous maîtrisez ?

Utiliser l'affiliation pour toucher des commissions sur des produits/services fournis par d'autres entreprises ? Utiliser les réseaux sociaux pour créer une communauté, la faire grandir et ensuite l'orienter vers vos services ? Offrir du coaching pour inspirer des personnes qui ont besoin de se développer dans un domaine que vous maîtrisez bien ?

La liste des façons de faire une différence est infinie : prenez un simple bloc-notes avec un stylo, notez toutes les idées qui vous passent par la tête et qui collent à votre personnalité, vos connaissances, votre expertise, vos talents, ou même tout simplement une passion…

Pas besoin de réfléchir des heures, l'exercice n'est pas cérébral : il s'agit de "faire parler vos tripes". Ceci fait, relisez-vous et vous ne devriez pas tarder à avoir un déclic en relevant un domaine ou deux qui vous captivent plus que les autres. Après ça il est temps de passer au modelage de votre vision : mettre sur pied vos objectifs.

MOTIVATION ET OBJECTIFS

FAUT-IL CROIRE... AU SIMPLE FAIT D'Y CROIRE ?

"Il suffit d'y croire"... Le genre de phrase "standard" qui fait sourire quand on est de bonne humeur, et qui devient vite énervante si on l'a mauvaise !

Mais sans parler d'humeur, la réalité c'est que le simple fait d'avoir la foi dans un projet ne suffit pas, même si c'est un grand premier pas vers la réalisation de nos objectifs.

John Wooden, un ancien joueur et coach de Basket Ball américain qui a vécu centenaire, a développé une grande parole de sagesse, dans une de ses interventions publiques à propos de sa propre définition de la réussite.

Il disait à propos de la foi que – mieux encore que de simplement affirmer qu'on y croie – nous devrions vraiment croire et pas seulement le dire.

Croire que les choses se passeront comme elles devraient. A condition... Que nous fassions ce que nous devrions faire !

Il ajoutait que nous avons tous en nous une tendance naturelle à espérer que les choses se réalisent comme nous le voulons, mais que nous ne faisons pas vraiment toujours ce qui est nécessaire pour qu'elles deviennent réalité.

Nous devrions clairement nous en inspirer. Et la véritable motivation est la suite logique de la foi qui se vit, au-delà de celle qui se déclare simplement.

LA LISTE QUI VA TOUT CHANGER

La première étape est d'écrire vos objectifs. C'est crucial pour avoir une feuille de route qui va vous permettre de visualiser tout ce que vous prévoyez d'accomplir pour faire de vos rêves une réalité.

Bien sûr, vous pouvez utiliser le support informatique et des outils en ligne, c'est même recommandé et dans un prochain chapitre je vais vous indiquer quels outils simples et gratuits je recommande pour faciliter la tâche, dynamiser votre liste et même la combiner avec de l'image.

Mais au risque de sembler un peu "vieille école" je vous recommande fortement aussi et avant tout, d'avoir votre liste sur un bloc-notes que vous pouvez emporter partout afin de pouvoir la consulter à tout moment.

La meilleure manière de faire une liste de vos objectifs futurs, est de commencer par écrire vos objectifs à plus ou moins long terme, par exemple ceux que vous souhaitez atteindre d'ici à l'année prochaine.

(Ou même dans les années qui viennent si vous vous sentez de faire des prévisions à plus long terme, c'est une question de ressenti personnel.)

Puis décomposez vos objectifs en portions/étapes, pour plus de réalité. Vous pourrez mieux gérer l'ensemble des étapes à suivre, en les décomposant d'une manière qui vous permette de les accomplir à une bonne fréquence.

Autrement dit, il vous faut une vue d'ensemble globale + une feuille de route pour vos actions quotidiennes.

On va explorer cela plus en détails pour vous permettre de le mettre facilement en application, mais en attendant voici une méthode puissante que je vous conseille d'appliquer pour rendre vos objectifs plus motivants, et obtenir plus efficacement des résultats.

Tout d'abord, il vous faut des objectifs bien spécifiques. Prenons deux exemples pour mieux illustrer ce principe :

==> "J'aimerais gagner 10000 euros par mois" est un bon challenge mais pas un objectif assez spécifique, c'est dans le vide.

==> "J'envisage un revenu de 10000 euros par mois d'ici à la fin de l'année prochaine, voici comment…" est déjà plus spécifique, mais à ce moment-là, faire un schéma réaliste en suivant une ligne progressive.

Puis, au lieu de partir du revenu actuel pour aller vers le futur comme c'est l'usage, faites le décompte des étapes à l'inverse.

Plus concrètement, au lieu de simuler votre progression en partant d'aujourd'hui jusqu'au revenu souhaité – par exemple d'ici à l'année prochaine – vous dessinez votre plan "à l'envers" en partant depuis votre objectif futur de l'année prochaine…

… Jusqu'à aujourd'hui !

C'est bien plus efficace et motivant ! Pourquoi ? Parce qu'au lieu de simuler un prévisionnel incertain, vous partez du principe que vos résultats existent déjà dans un futur que vous définissez, par exemple dans un an.

Puis venant de votre objectif futur de dans un an, vous décomposez les étapes qui auront été nécessaires à partir d'aujourd'hui, pour l'atteindre.

Une fois votre plan "inversé" établi vous le retournez dans le bon sens, et vous aurez ainsi une vision bien définie de toutes les actions à entreprendre à partir d'aujourd'hui, jusqu'à la date que vous vous êtes fixé pour remplir vos objectifs !

Maintenant on va voir comment prendre de simples mesures, pour créer une dynamique d'objectifs authentiques et réalistes, ainsi qu'une atmosphère de succès.

A PROPOS DES OBJECTIFS AUTHENTIQUES

Faire des objectifs authentiques va vous permettre d'apporter une forme concrète à votre vision, en quelque sorte en la chiffrant.

Et j'ai une confidence à vous faire à ce propos : les chiffres m'ennuient très vite ! Du coup, je dois avouer que j'ai eu du mal à me faire à l'idée de mettre en place des objectifs authentiques et concrets.

Cependant et si vous êtes dans le même cas, permettez-moi de vous en dire plus sur ce qui m'a poussé à m'y mettre malgré l'aspect détestable que j'attribuais aux chiffres.

D'abord, j'ai compris que dans ce domaine comme dans d'autres, il faut parfois s'astreindre à faire des choses qu'on n'a pas toujours envie de faire, pour obtenir des résultats.

… Et puis, la notion de challenge permet clairement de changer la vision des choses. En d'autres termes, au lieu de chercher à changer ma nature j'ai choisi de transformer mon approche des objectifs chiffrés, en les prenant comme un jeu et non plus comme une tâche ennuyeuse de plus.

Depuis ce jour, mes résultats ont très vite décollé. Parmi les leçons que j'en ai retirées, il y a celle de comprendre que dans la vie, beaucoup de choses dépendent de la façon dont on les aborde.

A ce jour je déteste toujours autant les chiffres ! Mais ma façon de les aborder dans le cadre d'un jeu d'objectifs m'a clairement aidé à les utiliser à mon avantage : Les chiffres ça n'a vraiment rien d'excitant, sauf quand il s'agit de suivre l'évolution d'un challenge personnel, de l'augmentation des chèques perçus et de leurs montants !

Si vous-même donc, n'êtes pas spécialement amoureux des chiffres alors je vous invite à avoir la même approche car les résultats en valent clairement la peine.

Si vous n'êtes pas encore très clair dans vos objectifs, les quelques conseils pratiques qui vont suivre devraient nettement vous aider.

DES OBJECTIFS AUDACIEUX... MAIS RÉALISTES !

N'ayez pas peur de planifier des objectifs audacieux : la possibilité de générer des hauts revenus dans un laps de temps raisonnable n'est pas réservée juste à une poignée de personnes, contrairement à ce qu'affirment beaucoup de gens qui – le plus souvent – usent de ce type d'argument pour justifier leur propre absence d'efforts et/ou de persévérance.

Pour vous donner une image concrète permettez-moi d'évoquer ma propre expérience, non pas pour narguer qui que ce soit mais plutôt pour vous inspirer avec un exemple que vous pouvez choisir ou non de suivre, ou à partir duquel vous pouvez puiser vos propres idées.

Quand j'ai démarré mon activité sur le web, c'était à temps choisi – soirs et week-ends – alors que je gagnais à peine plus que le Smic avec mon job ordinaire. Après m'être fait pigeonner un certain nombre de fois (Internet c'est parfois aussi ça, hélas !) je n'ai jamais abandonné mon idéal de vie.

A force de persister, j'ai ainsi pu filtrer les vraies opportunités en flairant plus rapidement les arnaques (En fait c'est assez simple à repérer finalement, c'est généralement quand le type ou la nana vous promet des gains ultra-faciles en très peu de temps et sans rien faire, on va aborder ce point-là un peu plus loin).

A partir de là et quelques mois après mon démarrage donc, j'ai enfin commencé à compléter mon salaire de base avec un petit revenu complémentaire qui ne dépassait pas les 2 à 300 euros, selon le mois.

Ce n'était pas grand-chose mais cela m'a encouragé à approfondir mes connaissances pour améliorer encore plus mes résultats. A peine 4 mois après ceci - soit presque une année après mon démarrage initial - j'ai presque multiplié ce chiffre par 8, soit environ 2400 euros de revenus complémentaires chaque mois !

Ce qui a fait une différence ? L'expérience c'est vrai, mais aussi et surtout la prise de conscience sur le principe des objectifs chiffrés avec lesquels j'avais tant de mal au départ.

Depuis ceci mes revenus n'ont cessé de grimper de façon exponentielle et naturellement, j'ai dit adieu à mon boss pour me consacrer davantage à mon business sur le web et me pencher sur des objectifs à la fois audacieux et réalistes.

Pour arriver à cela, j'ai commencé par considérer ma vision, l'endroit où je voulais partir vivre et un standing largement au-dessus de la moyenne, en dressant ma liste sur un bloc-notes que je relisais tous les jours, mais aussi en placardant le mur de ma petite chambre/bureau avec des photos du type d'habitation qui me conviendrait, pour ne jamais quitter mon objectif des yeux.

Puis, j'ai découvert qu'il existait sur Internet un outil gratuit et très utile pour donner plus de vie à mes objectifs, et dont je vais vous donner le lien avec quelques explications, dans la prochaine partie qui est celle de la focalisation.

Partant de mes objectifs j'ai estimé que si je voulais accomplir tout cela d'ici à l'année suivante puis davantage ensuite, il me faudrait forcément quitter mon job de l'époque pour consacrer plus de temps à mon affaire.

C'était un choix risqué puisque je commençais déjà à gagner plus que la moyenne en cumulant un salaire de base + un extra avec en plus un revenu complémentaire qui dépassait ces deux derniers réunis, et rien ne garantissait que je pourrais dépasser cela en focalisant sur le nouvel objectif que je m'étais alors fixé. Rien sauf… Ma détermination à réussir un plan audacieux et réaliste à la fois.

Audacieux parce que mon nouvel objectif s'élevait à une moyenne de 10000 euros par mois si je voulais obtenir tout ce que ma liste incluait, y compris le type de maison que je voulais habiter, tout en mettant de l'argent de côté et en vivant bien.

Réaliste parce qu'ayant été capable d'atteindre presque 2500 euros en revenu complémentaire sur du temps partiel, rien ne m'empêcherait après tout, de consacrer une partie de mon nouveau temps libre à faire croître ma propre affaire bien plus encore.

Pour moi, ce fut le meilleur choix jamais fait puisque 14 mois après, j'avais dépassé mon objectif initial de 10000 pour atteindre une moyenne de 12, sans avoir à travailler jour et nuit comme un fou.

Comment ? Avec du "staff externalisé" en faisant appel à des travailleurs indépendants extrêmement talentueux, réactifs et offrant des conditions bien plus avantageuses qu'un employé en "local".

Ils ont en général une très bonne connaissance du web et peuvent vous seconder efficacement, ce qui s'avèrera bien utile lorsque vous aurez vos premières rentrées d'argent en ligne.

Vous pouvez trouver à des conditions surprenantes des graphistes, des spécialistes en webmarketing, des rédacteurs d'articles blog, etc. La liste est longue et les trois meilleures sources que je connaisse sont :

Fiverr.com

Upwork.com

Freelancer.com

(Beaucoup d'anglophones mais on y trouve aussi pas mal de travailleurs indépendants parlant français.)

Maintenant, il ne s'agit pas d'exploiter de pauvres bougres du tiers-monde. Il s'agit entre autres de permettre aux résidents de pays dont l'économie locale est moins développée, de bien mieux vivre dans leur pays même avec un revenu proportionnellement plus bas par rapport aux pays plus développés.

C'est donc un échange sainement profitable des deux côtés, et d'ailleurs je ne pense pas qu'on pourrait obtenir une telle qualité de travail s'il s'agissait de personnes sous-payées.

Je prévois d'atteindre aisément les 250.000$/mois d'ici à l'année prochaine. Serai-je "riche" pour autant ? Dans le pur sens du terme, non : être vraiment riche, ça commence quand on devient multimillionnaire et que l'argent travaille pour vous et non l'inverse.

C'est prévu au programme mais plutôt pour les années suivantes !

En revanche, le confort de vie associé à ce niveau de revenus permet de réfléchir bien plus tranquillement sur les leviers à activer pour grimper encore plus haut.

En résumé si j'ai une simple recommandation à vous donner pour vous encourager à générer rapidement un revenu confortable et commencer à réaliser vos rêves, c'est de démarrer dès maintenant en faisant des objectifs authentiques, à la fois audacieux et réalistes, sans avoir peur de fixer la barre assez haut MAIS tout en gardant les pieds sur terre !

DES OBJECTIFS MESURABLES

En plus d'être spécifiques et vraiment concrets, vos objectifs doivent être mesurables. Autrement dit, vous devez pouvoir les suivre facilement au fur et à mesure que votre activité évolue, en les décomposant.

Comme on l'a vu au départ de cette section, il est important d'établir une fréquence quotidienne des petits objectifs qui vont mener aux plus grands.

Mais il est aussi important de mesurer l'évolution de vos résultats mois après mois, jour après jour.

Pas de panique : pour ceux qui comme moi sont horrifiés par la perspective de calculs financiers, prévisionnels, etc. Il existe des solutions qui simplifient tout. Perso au départ, j'utilisais un tableau Excel déjà tout fait et trouvé sur le web mais depuis, il existe sur Internet des logiciels gratuits en ligne pour ça.

Aujourd'hui pour gérer mes prévisionnels et mes budgets ultra facilement, j'utilise *Winancial* qui en plus d'être ultra-cheap et simple d'utilisation, est remarquablement bien fait et contient des petits tutoriaux en vidéo pour démarrer. Le logiciel comporte une galerie d'autres fonctions mais rien n'oblige à les utiliser toutes.

Si vous préférez un simple tableau Excel que vous pouvez ouvrir même sans être connecté sur Internet, vous pouvez très facilement en trouver prêts à l'emploi en faisant quelques recherches dans *Google*, en tapant une requête comme "tableau budget excel" par exemple.

Si vous préférez les plans dessinés de type "organigramme" vous avez un outil très simple à utiliser sur *Bubbl.us* pour faire des bulles qu'il vous suffit ensuite de remplir avec les objectifs et les étapes.

Quel que soit votre choix, prenez un peu de temps pour bien maîtriser ce type d'outils. Une fois que vous aurez cela en main, ça vous prendra tout au plus 30 mn à 1h par semaine au total pour suivre l'évolution de vos objectifs.

LE POUVOIR DE LA VISUALISATION : VOS OBJECTIFS EN IMAGES

Pour atteindre plus vite des objectifs, les images sont aussi importantes que les chiffres, parfois même davantage.

Notre esprit les assimile beaucoup plus facilement et rapidement, les imprime dans le subconscient et – bien utilisées – les images (ou les vidéos) sont de puissants vecteurs pour déclencher en nous les mécanismes de la réussite en matérialisant le rêve.

Dans mon cas évoqué plus haut, l'affichage sur le mur des photos imprimées d'une maison intérieur et extérieur, répond à cette logique.

Et puis les rêves de chacun étant différents, vous pouvez adapter la méthode à vos propres ressentis en remplaçant la maison par une voiture de sport, ou par ce qui vous semble le plus important de posséder en priorité, dans le cadre de la nouvelle vie que vous allez vous créer en développant votre affaire.

Vous pouvez utiliser d'autres supports qu'un tableau accroché sur un mur et rempli de photos. L'essentiel étant d'utiliser la visualisation pour ne pas perdre votre objectif de vue.

Vous pouvez bien sûr mettre plusieurs types d'images correspondant à d'autres rêves mais personnellement, je vous recommande d'en viser un à la fois et de visualiser les suivants une fois l'objectif principal atteint.

Dans les paragraphes qui vont suivre, je vais vous recommander un outil gratuit plus moderne et bien plus efficace, pour combiner des images à une liste vivante d'objectifs, directement depuis votre ordinateur.

Naturellement, il ne suffit pas d'admirer des images pour que les choses se passent. Simplement il s'agit d'une partie importante du mécanisme – voire du moteur lui-même – qui va vous booster pour mettre tous les autres rouages en place.

Maintenant que vous voilà armé pour mettre en place vos objectifs, il est temps de passer à l'étape suivante : LA FOCALISATION.

LA FOCALISATION

FAIRE DES CHOIX, ET NE PAS SE DISPERSER

Internet a ouvert un monde incroyable d'opportunités pour s'enrichir plus rapidement.

Ceci dit le revers de la médaille – à part les pièges sur lesquels je vais revenir tout à l'heure – c'est qu'il existe tant d'opportunités différentes qu'on peut très vite se perdre dedans et éprouver une certaine difficulté à s'arrêter sur un choix.

Voici une liste des principales catégories d'opportunités sur le web, certaines pouvant être combinées :

==> Le blogging professionnel (Par ex. création d'un blog dans un domaine d'expertise défini, et monétisation par voie publicitaire ou affiliation).

==> Marketing-vidéo (Création de vidéos – pas forcément de vous-même mais des vidéos d'écran – pour promouvoir des produits que vous créez ou dont vous faites la promo comme affilié).

==> Création et diffusion de produits numériques, par exemple formations, trainings, coachings, séminaires… sur support ebook, vidéo en ligne, audio, DVD…

==> L'Emailing (Créer et développer une liste de contacts ciblés, et promouvoir des produits auprès de cette liste, en tant que créateur ou affilié).

==> Les réseaux sociaux (*Facebook*, *Twitter*, *LinkedIn* etc...).

==> L'autoédition en format numérique (Ebooks en vente directe ou via des plateformes comme *Kindle*, *Smashwords*...).

==> Les revenus publicitaires (*Google Adsense…*).

==> Le domaining (Achat à bas prix puis revente avec marge parfois ÉNORME, de domaines .com, .org etc. contenant des mots-clés plus ou moins recherchés).

==> Le flipping (Création, développement puis revente de blogs ou sites web) – *Flippa.com* par exemple.

La liste de ces activités n'est pas exhaustive mais ce sont là les plus courantes, et les possibilités de les exploiter sont si nombreuses qu'un livre entier pourrait être écrit pour chacune.

Vous devez donc choisir celle avec laquelle vous vous sentez le mieux.

Et quelle que soit cette dernière, en démarrant un business en ligne vous devenez ce qu'on appelle un marketeur.

C'est un terme qui nous vient de l'anglais. Entre parenthèses vous pouvez démarrer votre activité de marketeur sans forcément connaître l'anglais, mais pas de façon aussi efficace qu'en retenant au moins quelques termes.

Tout simplement parce que bien souvent, les outils les plus efficaces pour faciliter la vie d'un entrepreneur sur Internet, sont anglophones. Si vous voulez faire du business en ligne de façon efficace donc, il est recommandé d'aborder au moins quelques notions.

Si vous avez vraiment un problème avec l'anglais, permettez-moi d'être cru avec vous : entreprendre de réussir sans même chercher à faire un petit effort pour mieux comprendre la langue la plus facile du monde, est un signe évident de mauvaise volonté.

Internet regorge suffisamment de cours gratuits en tous genres pour ne pas se priver de l'occasion.

Mais revenons à nos marketeurs. Le syndrome le plus répandu chez les marketeurs, est de s'éparpiller en courant 50 lièvres à la fois sans en choper un seul.

Par exemple, ils sautent sur une opportunité de faire de gros revenus en peu de temps avec *Google Adsense*, et si rien ne se passe comme prévu dans un laps de temps court, ils essaient l'édition numérique.

Comme "ça ne marche pas" non plus pour eux et que ça ne va pas assez vite à leur goût, ils passent vite à autre chose une fois encore, histoire de se réfugier dans la prochaine perspective de gros gains rapides, avant de retomber à nouveau dans la déception. Et ainsi de suite. Tel le papillon attiré par la lumière, ils battent des ailes en virevoltant d'une opportunité à une autre, sans générer guère plus que du vent.

Pendant ce temps le monde tourne, le temps passe et ils réalisent au bout d'un délai variable de l'un à l'autre que – peut-être – ils auraient pu aller plus loin en s'accrochant un peu plus dans leur premier choix.

Est-ce toujours de leur faute ? Pas forcément, non. J'ai longuement souffert de ce syndrome avant de faire ma propre percée et si cela vous est familier, j'aimerais vous aider à le "guérir" et sinon, au moins le prévenir !

D'abord, la principale raison de cette tendance est de ne pas voir les résultats assez vite. On repère une opportunité attractive et si on écoute celui ou celle qui la propose, il suffirait presque de quelques clics pour que les euros arrivent d'eux-mêmes après quelques jours.

Et comme évidemment ça ne fonctionne pas comme cela, on est rapidement déçu et on passe à autre chose. Pour se rassurer, on se dit parfois qu'on s'est fait avoir (ce qui peut aussi hélas arriver, sauf si vous suivez le guide jusqu'au bout ;-) mais en réalité, la cause d'échec est ailleurs.

Il s'agit donc d'un mal répandu et connu, et comme tous les problèmes il existe une solution parfaite : la focalisation.

Autrement dit, si vous vous concentrez d'abord sur une opportunité à la fois, que vous suivez les bonnes formations tout en évitant les pièges, et qu'enfin vous persévérez sans lâcher afin de suivre votre rêve, votre vision, votre plan ou feuille de route bref des objectifs réalistes, spécifiques et mesurables…

Alors il n'y a aucune raison pour que vous ne fassiez pas votre propre percée, mis à part bien sûr les raisons que le cerveau humain a tendance à créer par paquets de 2 ou 3, pour se justifier.

LES PIÈGES QUI DÉTOURNENT DE LA FOCALISATION

Il faut reconnaître que l'approche de certains coachs et "gourous" du web ne facilite pas toujours les choses, mais ce n'est pourtant pas forcément leur faute non plus : en règle générale ils sont si passionnés par ce qu'ils font, qu'ils ont tendance à oublier un peu que ce qui a fonctionné pour eux ne fonctionnera pas forcément pour d'autres.

Une chose est certaine c'est que pour atteindre voire dépasser leurs buts, ils ont focalisé sur les objectifs qu'ils se sont fixés, dans le domaine qu'ils ont choisi, et sans se laisser distraire par quoi que ce soit d'autre.

Si demain votre projet réussit après avoir suivi les bonnes étapes dans l'ordre – ce qu'évidemment je vous souhaite de tout cœur – et que vous choisissez de vendre votre expertise à travers des cours, des trainings…

… Vous allez attirer vers vous un certain nombre de personnes emballées par votre discours et votre modèle de réussite mais la vérité, c'est que la plupart n'iront pas jusqu'au bout.

Pas parce que votre formation serait nulle. Pas non plus parce qu'ils seraient nuls eux-mêmes. Certains auront accroché uniquement sur la perspective de gains financiers que vous aurez mise en avant, sans avoir finalement le même degré de passion que le vôtre.

Mais surtout, la plupart ne suivront pas un plan défini, et ne focaliseront pas suffisamment leurs efforts sur votre programme.

Car entre-temps un autre marketeur que vous aura capté leur attention avec un autre training ou produit.

Les marketeurs américains appellent cela "*Shiny Object Syndrome*" autrement dit l'attraction vers tout ce qui brille. La sagesse populaire qui a créé le dicton "Tout ce qui brille n'est pas or" prend tout son sens dans l'univers du marketing sur Internet !

Revenons à la focalisation donc. Comme on vient de le voir il est facile de se laisser séduire par d'autres propositions, juste dans un moment de faiblesse où les résultats que vous attendez d'une première opportunité, ne sont pas assez rapides à votre goût.

Mais ce n'est pas le seul facteur qui empêche la focalisation. Une autre cause commune à beaucoup de marketeurs "juniors", c'est de perdre de vue les premiers objectifs qu'ils s'étaient pourtant fixés avec tant d'espoir et de motivation au départ.

Je ne prétends pas détenir le secret absolu pour maintenir la focalisation, mais je peux vous orienter sur ce qui m'a aidé à ne jamais la perdre et – après consultation de collègues marketeurs outre-Atlantique (bien plus expérimentés que moi !!) – j'ai pu avoir la confirmation de ce qui maintient la focalisation quoi qu'il arrive : la motivation permanente.

UNE CLEF SOLIDE POUR MAINTENIR LA FOCALISATION : LA MOTIVATION PERMANENTE

D'abord selon ces marketeurs et comme j'ai pu le vérifier, il faut une motivation inébranlable. Se motiver, ça n'a rien de compliqué. Conserver sa motivation intacte, c'est une autre paire de manches et ça demande d'aller un peu plus loin que juste se dire "Ouah, je suis super motivé ce matin !!"

Cela, pardon si j'en blesse certains, c'est de la pure sottise. Et une fois de plus pour être passé par là, je ne jette la pierre à personne. Vous avez entendu parler de l'autosuggestion, de la *méthode Coué* par exemple ?

C'est un peu le même principe, je me lève le matin et tout va bien dans le meilleur des mondes.

S'il est certain que la pensée négative est un poison pour l'esprit et qu'elle empêche d'avancer, la pensée positive ne constitue pas à elle seule un remède contre l'échec ou la démotivation.

L'autosuggestion joue un rôle psychologique et spirituel c'est certain, mais on ne peut pas s'appuyer dessus pour tenir une stratégie debout. Ce qui fera une vraie différence, c'est l'usage qu'on en fait.

De toutes les personnes que je rencontre dont les revenus atteignent 7 à 8 chiffres par an, je n'en ai encore jamais vu aucune qui récite des mantras pour se mettre en action.

En revanche elles maintiennent naturellement leur niveau de motivation et de focalisation, en considérant le résultat de leurs objectifs comme un élément appartenant bien au futur et non comme un simple espoir ou le fruit du hasard.

Cependant, pour ceux d'entre nous qui n'ont pas encore développé naturellement cette approche, nous avons besoin d'un support externe.

LA "PIQÛRE DE RAPPEL"

Pour préserver votre motivation et focaliser sur vos objectifs, il faut un support. Une sorte de "piqûre de rappel" si vous préférez, pour revenir dans vos baskets dès que votre attention est détournée, et pour maintenir votre focalisation.

Ce support, vous pourriez l'obtenir auprès d'un coach, d'un mentor… Mais pour cela il faut ouvrir le porte-monnaie, ce qui peut être difficile quand on démarre.

Personnellement avant de pouvoir m'offrir les services d'une coach perso, j'avais une alternative simple et gratuite (Et qu'il m'arrive encore d'utiliser en complément de ma coach !) pour maintenir un bon niveau d'autodiscipline dans le maintien de ma focalisation. Allons voir cette alternative de plus près…

ORGANISER ET DYNAMISER LES OBJECTIFS

Généralement, la durée de vie moyenne d'une simple liste d'objectifs est tout au plus de deux semaines environ. Avec les meilleures intentions du monde, on fait une liste motivante en se disant "Je vais la consulter chaque matin avant d'attaquer ma journée…" mais bien souvent, ça finit par devenir davantage lassant que motivant.

Pour garder le focus sur vos objectifs de façon plus passionnée et amusante qu'avec juste une liste et quelques images placardées sur un mur, il vous faut "dynamiser" votre liste.

Autrement dit, il faut que vous puissiez être facilement rappelé à vos objectifs autant de fois que c'est nécessaire.

Pour cela, je vais vous donner ici un moyen facile combinant une liste dynamique d'objectifs avec un système de rappel automatique, pour maintenir en vie votre focalisation et rester motivé à tout instant. Ceci en utilisant deux outils simples et gratuits.

Le premier outil s'appelle "*LifeTick*", et il est tout simplement génial. C'est purement gratuit mais en anglais, ceci dit le système *Google Traduction* suffit amplement pour la dizaine de termes simples à retenir.

Vous ouvrez un compte gratuit, et vous obtenez rapidement un tableau de bord pour lister vos objectifs classés par catégories, vous fixer un délai, une date limite… Et y ajouter des images pour votre visualisation. Vous avez même un assistant virtuel sous forme de brainstorming pour vous aider à créer votre première liste.

Vous pouvez régulièrement y ajouter vos idées, et choisir de rendre vos objectifs publics ou privés.

L'autre outil, c'est l'agenda *Google* qui peut non seulement être consulté de n'importe où, en attribuant des couleurs aux évènements etc. Mais qui permet aussi de programmer des rappels en 2 clics.

Ouvrez gratuitement un compte *Google* si vous ne l'avez pas encore fait, et planifiez-vous pour la même heure chaque matin une alerte email + pop-up pour vous rappeler d'ouvrir votre tableau de bord *LifeTick*.

Perso, j'ouvre aussi mon tableau de bord *Winancial* dont je parlais plus haut, pour le suivi de mes chiffres.

C'est devenu un rituel amusant qui me pousse à prendre 15 mn chaque matin avant d'attaquer quoi que ce soit, pour consulter mes objectifs, regarder les photos, et suivre mes progrès.

En plus de maintenir votre focalisation, vous aurez là une forme de réveil dans les moments de perte de motivation, qui sont ceux où on a le plus besoin de se remémorer ses rêves et ambitions !

UNE ARME REDOUTABLE : LA PATIENCE

Evitez le gain "artificiel" de temps. Un personnage historique nommé *Talleyrand* disait en son temps *"Doucement, je suis pressé !"*.

La phrase date, mais ne vieillit pas et même dans le monde d'Internet, le principe de la patience pour gagner réellement du temps reste valable. Ça peut sembler paradoxal, mais pour réussir rapidement il faut de la patience.

On confond souvent la vitesse avec la réactivité. Par exemple vouloir gagner du temps en brûlant des étapes, revient davantage à s'agiter pour rien qu'à véritablement gagner du temps, au bout du compte.

A quoi ça sert de vouloir aller plus vite que la musique, si au final on s'aperçoit qu'il faut revenir en arrière pour revoir sa copie et reprendre les étapes grillées ? C'est ce qui arrive très souvent chez les marketeurs en échec.

Ils veulent aller plus vite, tapent du pied pour avoir des résultats en quelques jours et, n'en pouvant plus d'attendre, ils passent à autre chose.

En fait ils passent – sans s'en rendre compte – à la prochaine occasion de perdre du temps, avec l'illusion d'en gagner. Ne tombez pas dans ce panneau-là et si vous y êtes déjà tombé rassurez-vous, il y a toujours moyen d'en sortir comme on va le voir !

PARFOIS DIFFICILE, TOUJOURS NÉCESSAIRE

Je sais par expérience qu'il est particulièrement difficile de songer ne serait-ce qu'au mot "patience", par exemple quand on traverse une période très dure financièrement.

Si c'est votre cas dites-vous que la situation n'est pas figée, et que vous aurez d'autant plus de facilité à en sortir que vous ferez preuve de patience.

Si vous avez vraiment du mal à être patient, il vous faudra faire l'effort de vous maîtriser un peu : tout comme on peut aller au-delà de la répulsion des chiffres, par le biais de la motivation et de l'utilisation d'outils simples, vous pouvez aussi développer un certain niveau de patience avec la méditation par exemple.

Maintenant, je ne vous connais pas personnellement. Peut-être avez-vous déjà une nature patiente, auquel cas la question ne se pose pas encore que… Il faut faire la différence entre la vraie patience et le manque de réactivité, de passage à l'action.

Mais si comme beaucoup de personnes vous manquez de patience, je peux vous assurer avec certitude que si vous suivez ces quatre recommandations :

1. Prendre le temps de vous former régulièrement.

2. Enrichir vos connaissances dans le domaine d'activité choisi, avec des formations.

3. Rester informé de ce qui bouge dans votre domaine.

4. Faire un break de temps en temps pour vous assurer de maintenir le bon cap…

… Alors vos efforts seront largement récompensés, car vous gagnerez non seulement en vitesse d'action mais aussi en qualité de vie.

Comme évoqué plus haut, passer d'un salaire moyen à un revenu dépassant les 10.000 euros mensuels au bout d'une année est parfaitement réalisable grâce à Internet. Mais certainement pas après une nuit.

Avez-vous remarqué que l'impatience est souvent liée aux préoccupations ? Prenons le cas qui nous intéresse, celui d'être dans le désir de mieux gagner sa vie : si vous êtes dans une période difficile financièrement, vous pourriez avoir plus de difficultés à éprouver de la patience comme je le soulignais plus haut, car vous ressentez avant tout le besoin de faire face à vos difficultés.

C'est un réflexe de survie et c'est naturel de songer d'abord à se tirer d'un mauvais pas, avant même de songer à améliorer considérablement son confort de vie. Mais en même temps, c'est une forme de piège.

Si vous avez de telles difficultés et pour mieux y faire face, vous devriez plutôt songer à la perspective d'un revenu qui soit au minimum trois fois votre revenu actuel, et planter cette graine dans votre esprit pour la faire germer.

Imaginez-vous un instant de commencer par gagner déjà au moins le triple de ce que vous gagnez aujourd'hui : allez-vous encore devoir faire face aux mêmes difficultés, ou pourrez-vous en résoudre plus de la moitié, et commencer à respirer ?

Là aussi, je sais de quoi je parle pour avoir vécu des moments extrêmement difficiles financièrement. J'avais des dettes de partout et un loyer que j'avais beaucoup de mal à payer, en frôlant l'expulsion. Je mangeais n'importe quoi du moment que je faisais des économies, et j'allais faire mes courses une calculette à la main.

Du jour où j'ai décidé de réagir, j'ai radicalement changé d'habitudes. D'abord j'ai estimé qu'il serait bien temps de résoudre mes soucis de fric quand j'en rentrerais davantage, mais pour cela il me fallait d'abord cesser de piaffer d'impatience en me prenant la tête entre les mains, me récitant intérieurement des phrases du type "Mais mon Dieu, comment je vais sortir de ces galères ?"

Chaque facture qui arrivait dans la boîte aux lettres partait d'une appréhension et résonnait comme une torture. Jusqu'au moment où j'ai enfin compris à quel point je tournais en rond, et que le temps utilisé à me lamenter sur mon sort était autant de temps que j'aurais pu passer à agir posément, en considérant l'avenir dans une perspective de vie et non de simple survie.

LE COURRIER DE TROP

Une lettre d'huissier fut la goutte qui fit déborder le vase. Par mon bouc au menton! Je jure qu'au moment où je tape ces mots sur mon notebook en sirotant une limonade sur ma terrasse sous 21 degrés en plein hiver, je me demande presque si je ne devrais pas remercier cet huissier et ses commanditaires !!

Bon, ne poussons pas non plus. Mais ce courrier menaçant a vraiment été le réveil glacé qui m'a propulsé vers l'action pour enfin prendre les choses en main, et commencer par changer mon fusil d'épaule en les prenant posément, sans m'agiter inutilement.

Si tout ce que j'avais entrepris jusque-là ne m'avait pas apporté les résultats attendus, c'est qu'il y avait bien une raison et qu'il était temps de faire autrement.

Après tout comme le dit une sage parole traduite de l'américain "*Si vous continuez à faire ce que vous avez toujours fait, vous obtiendrez ce que vous avez toujours obtenu !*"

Je savais bien au fond, que j'étais responsable de mon sort de l'époque. Je ne cherchais d'ailleurs pas à attribuer mon échec aux circonstances ou au gouvernement de mon pays, comme le veut une tendance répandue.

Mais on peut très bien prendre conscience de ses responsabilités et les assumer, sans pour autant se culpabiliser, ce qui est d'ailleurs la dernière chose à faire dans la série "je perds du temps".

UN ÉVÈNEMENT FÂCHEUX PEUT ÊTRE UTILISÉ POUR REBONDIR

Mon job me plaisait de moins en moins, ce qui n'était pas fait pour m'aider. J'ai donc repris des formations qui "dormaient" sur mon disque dur parce que je ne les avais pas vraiment suivies jusqu'au bout, à cause du syndrome d'impatience évoqué plus haut !

Puis j'ai aussi fouiné le web des nuits durant à la recherche de compléments d'info, quitte à me pointer le lendemain au boulot – pardonnez-moi l'expression – la gueule enfarinée.

J'ai pris le temps de bien filtrer en distinguant les cours bidon des plus sérieux avec l'avantage – si je peux dire – d'avoir été pigeonné un certain nombre de fois auparavant par ce que j'appelle des "marchands de lessive en ligne", ceux qui vous racontent que vous allez pouvoir empocher un million dans les 3 mois qui viennent, en bossant 2h par semaine seulement. (J'exagère à peine !).

Entendons-nous là : je n'affirme pas que tous les marketeurs qui vendent leurs cours sur Internet soient à mettre dans le même panier, il y en a de très bons.

Mais s'il y a un profil d'individus dont j'ai appris à me méfier, c'est bien celui de types au profil trop vendeur et pas assez naturel.

L'un des cours qui a le mieux retenu mon attention, était dispensé par un américain étonnant répondant au nom de *Brendon Burchard*.

Un gars à la fois élégant et naturel qui, malgré un profil un peu vendeur quand même, parle avec ses tripes et donne des conseils applicables pour n'importe qui ayant la volonté de rebondir.

Dans un des cours de sa série de DVD's il enseigne, entre autres, à quel point il est important de prendre le temps avant d'attaquer quoi que ce soit, de respirer, de bien s'alimenter, de faire un rituel d'exercices chaque jour et de structurer son business, quelles que soient les circonstances et ce, même dans la pire des situations comme c'était mon cas.

Sans entrer dans tous les détails de ce training, s'il y a bien une leçon essentielle que j'ai retenue et que j'aimerais partager avec vous ici, c'est que vous tirerez de grands bénéfices à considérer la patience comme un élément clef de votre réussite.

Maintenant, il y a plusieurs façons de mettre votre patience à l'épreuve. La méditation en est une, mais vous pouvez aussi faire un peu d'exercice chaque matin pour vous sentir mieux dans votre corps, faire quelques étirements…

Sans aller jusqu'à un entraînement intensif, ces 10/15 mn d'exercice chaque matin vous mettent en condition et permettent de canaliser les énergies, libérant ainsi votre esprit des préoccupations qui sont à la base de l'impatience.

Car finalement, prendre quelques minutes chaque jour pour faire ce que vous avez peut-être considéré jusque-là comme de la perte de temps, c'est autant de temps gagné pour vous ensuite afin d'avancer bien plus rapidement vers vos objectifs.

L'ACTION

UNE PIÈCE MAJEURE DU PUZZLE

Aussi puissants qu'ils soient, aucun des trois principes décrits dans les chapitres précédents n'a la moindre valeur, s'ils ne sont pas suivis par l'action. C'est dans l'action et uniquement là, que les choses se passent.

De la même façon, l'action ne vaut pas grand-chose sans les trois principes évoqués précédemment : agir sans un véritable désir, sans focaliser totalement et sans un certain degré de patience... Revient tout simplement à brasser du vent.

LES PRINCIPAUX FREINS À L'ACTION

Comme vous savez peut-être déjà, le principal frein à l'action s'appelle la procrastination (remettre sans arrêt au lendemain). C'est aussi la pire ennemie de la productivité, et le principal handicap à l'expression de votre créativité.

Et c'est une véritable plaie. Au premier abord il peut sembler difficile – je le confesse pour l'avoir vécu – de s'en débarrasser.

Beaucoup de ceux qui ont réussi vous diront que le seul remède contre la procrastination, c'est tout simplement le passage à l'action.

Ce n'est pas faux. Seulement voilà : c'est loin d'être aussi simple tant qu'on n'a pas déterminé l'origine exacte du malaise. Car s'il existe un seul remède, il y a plusieurs diagnostics possibles.

Plusieurs facteurs sont susceptibles de provoquer la procrastination, et ils varient d'une personne à l'autre mais le plus connu reste la peur. Le problème de la peur, c'est qu'elle devrait être un moteur pour se mettre en action mais bien souvent hélas, elle constitue un frein sérieux.

Il y en a évidemment plusieurs types et vous devez d'abord identifier clairement votre peur (ou vos peurs !) avant même de passer à l'action.

Parce que si vous passez tout simplement à l'action sans avoir d'abord identifié la cause de vos peurs, votre risque de rechute est plus élevé car rien ne garantit que vous n'alliez pas vous réfugier à nouveau derrière elles au moindre signe d'échec.

Je ne dis pas que c'est ce qui va se produire, mais autant mettre toutes les chances de votre côté.

Maintenant, si vous êtes persuadé de n'avoir peur de rien, il faut me pardonner à l'avance mais je vais être très direct avec vous : refermez ce bouquin, mettez-vous en action pour gagner au moins 10 à 12000 euros/mois d'ici le prochain semestre et si cela n'a pas marché, n'hésitez pas à reprendre votre lecture ici !

Vous êtes encore là ? Bravo ;-) On va donc pouvoir aborder les trois peurs les plus connues comme étant à l'origine de la procrastination, avec la meilleure solution pour chacune, leur point commun étant d'être liées au passé la plupart du temps.

LA PEUR DE SE LANCER

Il est très courant de procrastiner tout simplement par peur de se lancer. Si vous avez identifié cette peur comme l'une de celles à l'origine votre procrastination, la prochaine étape est d'identifier la cause de cette peur.

Les causes qui sont derrière ce type de peur sont infiniment variées, il serait impossible de les lister toutes ici car la plupart du temps elles dépendent du vécu personnel, de l'éducation, d'échecs passés… Et d'un manque de confiance en soi qui a lui-même ses propres origines.

Cherchez en vous, creusez profondément si nécessaire. Même – et surtout – si c'est difficile et désagréable. Croyez-moi : bien souvent ce sont les choses qu'on rechigne à explorer en soi, qui sont justement celles à explorer en premier.

Persistez. Si vous avez du mal à identifier votre peur de passer à l'action, allez sur Internet en vous servant de *Google* pour trouver des forums psycho qui traitent du sujet.

Vous tomberez forcément sur un cas similaire au vôtre, on se sent alors déjà moins seul mais c'est une maigre consolation : Essayez de trouver des personnes qui ont vaincu la même peur que la vôtre et qui s'en sont sorties, puis adaptez leurs conseils à votre situation.

LA PEUR DE L'ÉCHEC

Un grand classique. Souvent liée à celle de se lancer, la peur de l'échec peut être vaincue plus facilement qu'on ne le pense. En fait, c'est une question de perception. Quand vous êtes face à un échec, vous avez deux choix :

1. Considérer l'échec comme une fatalité.

… Et vous dire que finalement, vous n'êtes pas capable d'aller jusqu'au bout : la preuve, ça n'a jamais marché. Pourquoi ça marcherait demain ? STOP ! Vous êtes loin d'être un cas isolé. Réveillez-vous un peu. Aucun échec au monde n'est une fatalité à moins d'en avoir décidé ainsi pour soi-même.

D'abord, avez-vous véritablement tenté de vous lancer en mettant toutes les chances de votre côté, en allant jusqu'au bout ? Si la réponse est NON, inutile de préciser qu'il ne peut y avoir ni échec ni succès tant que l'on n'a pas vraiment essayé.

Mais si la réponse est OUI, il y a forcément autre chose qui a manqué pour que ça puisse fonctionner.

Parce que si vous vous étiez lancé avec un réel désir, un plan bien défini et suivi, avec des objectifs réalistes, spécifiques et mesurables, comme on l'a vu plus haut, alors vous connaîtriez déjà un certain succès (et vous ne seriez pas en train de lire ces lignes, si ? ;-)

Chercher ce qui a pu manquer est parfois pénible mais nécessaire. Parce que si vous ne le faites pas, vous programmez l'échec suivant, celui qui versera de l'eau dans votre moulin quand vous pensiez que décidemment, ça ne pouvait pas marcher.

Cela s'appelle "conforter son propre raisonnement". Avoir raison est tellement plus jouissif et facile que de se remettre en question ! C'est un réflexe systématique et c'est humain.

Mais mieux vaut parfois éviter de s'écouter trop, et faire à la place l'effort d'admettre qu'il existe d'autres façons de faire que celle que vous avez toujours appliquée jusqu'alors.

Maintenant vous pouvez me haïr si vous voulez, ou même me taxer d'arrogance. Et je vous comprends tout à fait.

Ou alors, vous pouvez aussi…

2. Considérer l'échec comme une occasion de recommencer.

Pour mieux illustrer cette perception de l'échec permettez-moi de partager avec vous un petit morceau de mon passé, et dont la compréhension m'a fait prendre le virage à 180 degrés vers la réussite en identifiant ce qui pouvait se cacher derrière ma tendance à l'échec.

On dit qu'il ne faut pas juger ses parents. J'aurais bien des réserves là-dessus, mais bref passons ! À entendre mon père, j'étais un incapable patenté.

En y pensant avec du recul, je me dis que je n'aurais jamais dû me sentir si blessé, par les propos de quelqu'un qui lui-même n'a jamais rien réussi de sa propre vie. Et combien même il aurait réussi quoique ce soit, de quel droit aussi père soit-il, pouvait-il juger de mes capacités à évoluer ?

Aujourd'hui j'en ris à pleines dents mais à un âge moins avancé, on perçoit les choses différemment, en accordant un peu trop de crédit aux propos des parents, des enseignants aussi…

J'ai beaucoup souffert de cela un certain temps, et naturellement je n'ai pas attendu d'avoir presque la quarantaine pour en faire mon deuil, mais des traces peuvent rester dans le subconscient sans même qu'on le réalise.

Pourquoi je vous parle de ça ? Pas pour vous raconter une anecdote freudienne, ce n'est pas le propos de ce livre. Mais qu'il s'agisse d'un père, d'une mère, d'un prof, d'un boss… Ou de je ne sais quelle autre autorité ayant pu avoir une influence à un moment donné… Le principe est le même.

Autrement dit, si vous-même à un moment ou un autre de votre vie, avez entendu de l'extérieur que vous étiez incapable de faire ceci ou cela, ma recommandation pour vous est de tourner la page aussi rapidement que possible.

Car en réalité qu'est-ce qu'un échec, si ce n'est le non aboutissement d'une possibilité ? A partir du moment précis où vous décidez de mettre sur pied un projet – quel qu'il soit et du moment qu'il concerne le monde réel – il s'agit toujours d'une possibilité ni plus, ni moins. Et ce, tant qu'il n'a pas abouti.

La preuve vivante de cet exemple c'est que tous ceux qui ont connu la réussite en partant de rien, ont rencontré une succession d'échecs. Et ce, sans exception. On peut donc aisément en déduire qu'un projet non abouti n'est pas un échec, mais… Un projet non abouti, point. Autrement dit, vous avez le choix.

Permettez-moi d'appuyer là-dessus : VOUS AVEZ LE CHOIX ! Ne trouvez-vous pas que ça fait toute une différence ? Que vous faut-il de plus pour vous rendre libre ? Embrassez votre peur de l'échec.

Vous pouvez même en rire, pour mettre de la légèreté là où toute la lourdeur qu'on met derrière un échec a pris le dessus jusque-là.

Appliquez cette perception de l'échec et à ce moment-là, il n'existe aucune raison valable pour vous empêcher de réussir. Parole.

LA PEUR DE L'INCONNU

Il y a certains aspects communs à toute l'humanité, qui ont traversé les âges et ne changeront probablement jamais, à travers le monde entier et au-delà des cultures. La peur de l'inconnu est un de ces aspects, et ne date pas d'hier.

Platon en parlait déjà dans son texte "*L'allégorie de la caverne*" datant du 4e siècle avant *JC* et évoquant un groupe d'hommes enchaînés face au mur d'une caverne, terrorisés à l'idée de se retourner pour explorer le monde extérieur.

Sans aller faire un cours complet de philo, on peut résumer la peur de l'inconnu comme l'une des plus répandues quand vient le moment de changer de vie et de carrière. On sait toujours ce à quoi on renonce, sans certitude de ce qui nous attend.

Mais là encore, soyez certain d'avoir le choix. Celui de percevoir l'inconnu comme une source d'angoisses et d'échecs en tous genres, ou de l'approcher comme une occasion excitante de prouver à vous-même et à vos proches, votre capacité à mener un projet jusqu'au bout avec succès.

Très souvent d'ailleurs, la première question qui vient à l'esprit quand on songe à se lancer dans un projet quel qu'il soit, c'est de se demander "Et si ça foirait ?" et de là, en déduire toute une série de conséquences plus ou moins désastreuses. Combien de projets qui auraient pu faire des merveilles, sont tués dans l'œuf de cette façon !!

Si ce type de question vous vient quand il s'agit de penser à votre projet, je vous propose un petit exercice très simple et redoutablement efficace, qui est de vous poser la question dans l'autre sens : "Et si ça marchait ?".

A partir de là, laissez-vous aller à toutes les déductions, toutes les conséquences. Ne permettez aucune limite, lâchez-vous. Ce n'est qu'un petit exercice, mais… Ne ressentez-vous pas une différence considérable ?

Comment vous sentez-vous quand vous utilisez "Et si ça marchait ?" par rapport à "Et si ça ne marchait pas ?" ? Si vous ne vous êtes jamais autorisé jusque-là, à imaginer les conséquences d'un succès, vous avez là une occasion en or de vous y mettre dès aujourd'hui, plutôt que perdre du temps à imaginer celles d'un échec.

Testez ce petit exercice puissant et si vous jouez bien le jeu, votre peur de l'inconnu devrait disparaître d'elle-même, pour laisser place à l'excitation de la découverte.

IN SITU AVEC 2 AGENDAS DE MARKETEURS : *MARC* & *JÉRÔME*

Pour conclure ce chapitre et avant de passer à celui de la persévérance, j'ai schématisé pour vous la journée-type d'un marketeur, sous deux angles différents.

Les personnages sont fictifs mais basés sur des exemples répandus, et sont criants de réalité.

Marc et *Jérôme* ont un profil et un parcours quasiment identiques : Ils vivent seuls, sont dans la même tranche d'âge et ont choisi de monter une petite affaire en partant de zéro, pour monter un business qu'ils peuvent piloter depuis leur domicile avec Internet.

Ils ont suivi la même formation sur l'affiliation, et ont choisi ce créneau pour développer leur affaire depuis chez eux.

Bien que leurs chances de départ soient les mêmes, les résultats sont totalement différents car… L'un échoue, pendant que l'autre réussit. Cela vous permettra d'identifier les causes pouvant être à l'origine d'un échec, avec pour vous deux impressions variables selon votre cas :

Cas no. 1. Vous n'êtes pas encore familier avec le marketing sur Internet, auquel cas il faut absolument vous préparer à ce que j'appelle "l'envers du décor".

Non pas pour vous effrayer, mais pour vous permettre au contraire d'éviter des plantages. J'y résume les syndromes les plus répandus chez ceux qui ont choisi cette fabuleuse activité, mais doivent parfois faire face à quelques dures réalités avant de réellement commencer à gagner leur vie confortablement et librement.

Cas no. 2. Vous avez déjà une certaine connaissance du terrain, plus ou moins avancée. Le schéma en plus de vous apporter de l'info complémentaire, peut vous amuser mais aussi – éventuellement – vous rappeler une situation que vous connaissez bien, à quelques exagérations près !

Je m'excuse donc à l'avance si je heurte les plus sensibles d'entre vous. Mais s'il y a un service que je me dois de vous rendre, c'est bien celui de vous confronter à vos propres réalités, pour vous permettre ensuite de rebondir sur de meilleures bases.

Dans les deux cas rassurez-vous, il ne s'agit absolument pas de vous décourager comme vous le verrez juste après dans une analyse rapide de nos deux marketeurs.

UNE JOURNÉE-TYPE AVEC *MARC*

Le jour se lève et *Marc* aussi, non sans difficultés. À l'heure tardive où il s'est couché la veille, il aurait volontiers dormi une heure de plus ! Après tout sa nouvelle activité le lui permet, mais sa situation financière pas encore.

Alors il se pousse un peu pour attaquer la journée. Il se sert un café, se traîne jusqu'à l'ordi et s'installe devant l'écran pour regarder ses mails.

Il écrit à quelques contacts mais comme il s'est inscrit à quelques mailing-list d'autres marketeurs, il a reçu une demi-douzaine de propositions gratuites pour découvrir de nouvelles formations gratuites, des astuces pour booster son affaire, etc.

Il fait un peu le tour des emails qui lui semblent intéressants et certains propos alléchants l'encouragent à s'attarder, notamment sur une vidéo envoyée par le grand marketeur *Jean KES* expliquant qu'il a un message important et du contenu gratuit pour *Marc*, la seule condition étant d'entrer son adresse email sur une autre liste pour recevoir la vidéo suivante, et qu'il reçoit aussitôt.

Comme le temps passe quand même, *Marc* réalise qu'il est déjà scotché depuis plus d'une heure devant son écran, il laisse donc la vidéo de côté en réduisant le navigateur pour la regarder plus tard, et commence à regarder dans *Google* ce qui pourrait l'inspirer pour faire un article pour son blog.

Au milieu de sa recherche, une amie lui envoie un message sur *Skype* et une conversation démarre. *Priscilla* lui apprend qu'une nouvelle fonctionnalité existe sur *Facebook* et qu'il devrait aller voir ça. Après tout, il s'agit juste d'ouvrir une fenêtre de plus, ça prendra 2 mn pour regarder et revenir à son article !

Après environ 1h passée sur *Skype* et *Facebook* donc, puis quelques vagues recherches sur *Google* en parallèle pour son article, *Marc* repère des sujets qu'il aimerait développer et lui permettrait de glisser un lien affilié ou deux pour diriger ses lecteurs vers une offre irrésistible.

Il prend environ 1h pour rédiger un article sympa, et le poste sur son blog. L'heure du déjeuner arrive, *Marc* prend une pause puis l'après-midi, il revérifie ses mails et retourne même sur son blog, pour voir si quelqu'un a posté un commentaire ou partagé son article. Pour l'instant à part lui-même, pas l'ombre d'un chat ni d'un oiseau *Twitter*.

Du coup *Marc* est un peu déçu et s'attendait à autre chose mais comme il sait qu'il vient de démarrer, il fera sans doute mieux demain.

En attendant, il ouvre son *Twitter* pour poster à ses abonnés un lien d'affilié sur une offre qu'il a choisi de promouvoir.

Quel ennui ! *Marc* se dit qu'il a bien cinq minutes à tuer, il décide donc de visionner la jolie vidéo de 30 mn envoyée le matin par *Jean KES*, qui explique son extraordinaire parcours, tous les bénéfices que *Marc* va pouvoir obtenir grâce à une formation totalement gratuite et à la fin du discours, il est encouragé à bien surveiller sa boîte mail pour la vidéo suivante contenant une surprise.

Après quelques recherches sur *Jean KES* dans *Google*, *Marc* voit des témoignages et commentaires élogieux, postés par des usagers qui n'ont encore pas gagné un centime avec la méthode mais chantent déjà les louanges du gourou, tellement il est merveilleux et tellement la vie semble plus rose avec son programme magique !

Le reste de l'après-midi est consacré à d'autres ouvertures d'emails, du surfing sur des forums et des échanges entre des '*Marc* bis' qui passent des journées entières à échanger dans le vide...

Le temps passe et OUF ! Le célèbre marketeur n'a pas oublié *Marc* ! Son auto-répondeur du moins, qui lui adresse un message "personnel" pour rappeler à *Marc* à quel point il est si extraordinaire, si magnifique et tout et tout, qu'il n'a pas pu s'empêcher de lui envoyer un cadeau unique et réservé rien qu'à lui.

Il clique sur le lien et oh surprise ! Une autre vidéo de 30 mn encore plus clinquante que la première, dans laquelle *Jean* explique comment *Marc* va pouvoir amasser une fortune en quelques semaines seulement, grâce à un plan infaillible et si facile, que même un orang-outang dyslexique pourrait le suivre !

L'espoir renaît enfin ! Pas d'hésitation, *Marc* s'inscrit au séminaire gratuit ayant lieu le soir même. Pour les articles de blog et le focus sur les objectifs on verra bien plus tard.

Le soir dans son séminaire en ligne, *Jean KES* chauffe bien la "salle", balance une astuce ou deux mais pour avoir le reste, il faut envoyer 1997 euros. C'est moins de 2000, pourquoi s'en priver ! Bon, le mois est difficile mais on peut payer en plusieurs fois alors c'est parti.

Marc prend des notes, et achète la formation qui fera de lui un millionnaire d'ici à la fin du mois. Mais il est déjà tard le soir.

Il consulte une dernière fois ses emails dans l'espoir d'y trouver quelques commandes ou notifications de paiements, au milieu du flot d'offres "irrésistibles". Mais il n'a fait aucune vente.

Fatigué et frustré, *Marc* n'est vraiment pas d'humeur à regarder ses chiffres pour le lendemain alors que le compte en banque n'a toujours pas bougé d'un iota vers le haut, au contraire.

Pour le blog, à quoi bon se casser la tête pour écrire un article que ces ingrats lisent à moitié sans cliquer sur les liens d'affiliation, ni même laisser un p'tit commentaire ?

Quant au volatile bleu de *Twitter* il le passerait bien à la broche et à l'heure qu'il est, ses contacts sur *Facebook* sont bien trop occupés à jouer avec des applis ou publier les dernières photos de leurs chiens, cochons d'inde et autres poissons rouges, pour aller en plus s'intéresser à des publications qu'ils voient à peine passer sur le fil.

Du coup, *Marc* préfère se détendre sur Netflix jusque tard le soir. Après tout, il s'est trouvé un nouveau but avec une toute nouvelle raison de se lever le lendemain.

En réalité, il va essayer péniblement de mettre en action le plan "facile" proposé par *Jean KES* et qui consiste à créer un nouveau blog, plancher sur des vidéos, sur un ebook, sur les réseaux sociaux, sur le référencement, sur des nouveaux programmes d'affiliation, sur une nouvelle campagne mail, sur des articles en ligne, etc., etc.

Maintenant, allons donc faire un tour du côté de chez *Jérôme* pour voir à quoi ressemble sa journée ! Comme vous allez pouvoir vous en rendre compte, le contraste est plus qu'évident.

UNE JOURNÉE-TYPE AVEC *JÉRÔME*

C'est parti ! Le jour se lève, *Jérôme* attaque sa journée du bon pied avec quelques étirements, un bon petit-déjeuner et une bonne douche. Il se sent rempli d'une énergie débordante et plein d'enthousiasme, avec l'impression que le monde lui appartient et que rien ne pourra l'arrêter.

Puis il s'installe devant son écran, gonflé à bloc, plein de motivation et bien focalisé sur des objectifs audacieux & réalistes, spécifiques, mesurables.

Le voilà armé de patience pour dessiner un plan bien défini, prendre le temps de bien réfléchir sur ce qu'il veut, matérialiser sa vision avec des objectifs chiffrés, et prêt à passer à l'action pour mener à bien un projet viable, avec la certitude d'y arriver et ses peurs derrière lui.

Jérôme allume l'ordinateur et ouvre son agenda *Google*, déjà rempli la veille au soir pour préparer sa semaine. Puis il regarde ses chiffres prévisionnels en revérifiant les objectifs du mois, de la semaine et même du jour.

Dans un autre onglet du navigateur il ouvre son compte *LifeTick* pour la "piqûre de rappel" de ses objectifs de vie, et admire les jolies photos du grand appartement qu'il rêve et prévoit de s'acheter, ainsi que ses prochaines vacances aux Caraïbes. Puis il visionne sur un site Internet qu'il a dans ses favoris, une vidéo motivante ou deux.

Après ces doux instants de rêve éveillé, il se met en action pour lancer son blog en préparant déjà son futur référencement par des optimisations, la préparation de plusieurs articles pour lesquels il avait déjà rassemblé quelques idées, puis utilise la fonction automatique *Wordpress* pour préprogrammer les publications de la semaine.

Après une bonne heure/1h30 de travail, il prend 15 mn pour partager avec ses contacts pro *Facebook* et *Twitter* des articles de blogs connexes à son activité, auquel il est abonné.

Puis comme prévu dans son agenda, il prépare sa prochaine séquence d'emails pour une nouvelle campagne et planche sur le rapport gratuit qu'il peut proposer sur une page spéciale, afin de recueillir de nouveaux emails de prospects.

Ouf ! Il souffle un peu et prend un break de 10/15 mn pour boire un café et appeler une amie sur *Skype*. Puis il consulte l'une de ses adresses mails pour répondre aux questions de ses prospects et clients, vérifier les stats de ses nouveaux abonnés et des quelques ventes réalisées entre-temps.

Puis, il ouvre sa deuxième boîte mail réservée aux offres concurrentes qu'il aime bien consulter pour voir ce qui se fait ailleurs. Au passage, il repère un mail de *Jean KES* et la vidéo qu'il ajoute à ses favoris pour la consulter après déjeuner, car il est déjà midi passé.

L'après-midi, *Jérôme* prend 2h pour son deuxième projet web sur la publication d'un ebook, et le commencement d'une série de vidéos. Il répond à quelques contacts *Facebook* & *Twitter* puis pour se détendre, il a prévu d'aller faire un peu de gym avec un ami.

En revenant du fitness, il s'attarde un peu sur la vidéo de *Jean KES* et note quelques-unes des astuces pouvant servir à sa propre stratégie. Puis il revérifie ses mails pour la dernière fois de la journée.

Ensuite, il regarde ses stats et ses comptes. Tout semble suivre son cours comme prévu sauf que ses objectifs de ventes ne sont pas totalement remplis : il avait prévu au moins quinze ventes et n'en a fait que neuf.

Il décide donc de programmer au moins 30/40 mn le lendemain pour réfléchir à quelques améliorations qui lui permettront de mieux tenir ses objectifs pour la semaine. Puis il finit par un dernier checking et le report pour le lendemain, de ce qui n'a pas encore pu être fait par manque de temps.

Le temps passe et le soir, *Jérôme* éprouve la satisfaction du travail bien accompli. Il se prépare pour passer la soirée avec sa nouvelle petite amie, et faire un bon ciné suivi d'un resto.

CE QU'IL FAUT RETENIR DE CES DEUX PROFILS

D'abord, vous aurez sans doute remarqué que la première source d'une perte de focalisation, c'est la consultation des mails dès le matin et la tendance à prêter trop d'attention à des offres alléchantes.

Puis, viennent ensuite les distractions provoquées par des messages *Skype*, *Google Talk* et j'en passe.

Maintenant je ne dis pas qu'il faut snober sa boîte mail ni son "messenger" préféré, simplement il y a un temps pour tout comme on l'a vu avec *Jérôme*, et ce n'est pas parce qu'on travaille à son compte qu'il ne faut pas s'imposer à soi-même une ligne de conduite nécessaire au développement d'un business sain.

Jean KES n'existe évidemment pas mais ses clones existent bien, et il n'a pas été placé dans le scénario juste pour faire un jeu de mots. Heureusement tous les marketeurs qui proposent des cours ne sont pas comme lui et généralement, les plus sérieux n'évoquent pas des gains énormes en trois clics.

Ceci dit, je compatis à 100%. D'abord pour l'avoir vécu un certain nombre de fois, et ensuite parce qu'on a tendance à être plus attirés par la perspective de gains faciles et rapides, que par celle de produire un certain nombre d'efforts avant de voir des résultats.

Ne tombez pas dans ce piège et si vous êtes déjà dedans, il est temps de sortir la tête de l'eau et de changer votre fusil d'épaule, en prenant conscience de ces trois réalités :

1. Gagner du fric sur le net en 3 clics et 2 semaines est une utopie. Ceux qui vous disent le contraire vous mentent. Ils savent exactement sur quel bouton appuyer pour vous pousser à rejoindre leurs

programmes ou logiciels miracles et si quelqu'un en retire des bénéfices, ce sont eux.

2. Sur Internet comme ailleurs la vie d'un petit entrepreneur consiste à tester, se planter, tester, se planter encore, etc. et tout comme on l'a vu autour du principe de l'échec, il n'y a aucune fatalité là-dedans : Ça reste du "testing" et au final si vous restez toujours focalisé, que vous prenez le temps de chercher ce qui a pu manquer pour améliorer à chaque fois, de sonder vos prospects pour recueillir leurs impressions…

… Vous finirez forcément par réussir là où d'autres abandonnent, comme on va le voir en développant le sujet de la persévérance.

3. Accroître rapidement vos revenus ne veut pas dire que vous allez faire des milliers d'euros dès votre premier mois d'activité. Selon le déroulement de votre projet, il se pourrait que vous commenciez par quelques centaines voire à peine quelques dizaines mais cela reste du démarrage.

En revanche, votre persévérance va vous permettre de déclencher des retombées qui elles, peuvent très vite devenir exponentielles et soutenir un rythme accéléré.

LA PERSÉVÉRANCE

LA PIÈCE DU PUZZLE LA PLUS SOUVENT MANQUANTE

Grande sœur de l'action la persévérance a de tous temps soulevé des montagnes, et elle en soulève encore. Elle représente sans aucun doute la différence majeure, entre ceux qui réussissent leurs projets et les autres. On le sait, ce n'est rien de nouveau.

D'ailleurs je mettrais ma main à couper – et même les deux sans hésitation – que parmi mes lecteurs, il y en a un certain nombre qui n'iront pas jusqu'au bout avec l'idée fixe que tous ces principes ne fonctionnent pas, puisqu'il est toujours plus facile d'attribuer ses échecs à n'importe quel autre élément qu'à sa propre responsabilité.

Ce qui me touche pour eux n'est pas le fait qu'ils n'auront pas gardé un bon souvenir de mon bouquin, ça ne m'empêche pas de dormir et je sais pertinemment que dans le même temps, beaucoup d'autres – j'espère vous très sincèrement – en retireront d'importants bénéfices matériels comme spirituels.

Et puis je ne risque pas de les blâmer ayant moi-même été, pendant un temps aujourd'hui révolu, dans ce même esprit de sabotage.

Non. Ce qui me fait plutôt un peu de peine pour eux, c'est que tant qu'ils n'auront pas choisi pour eux-mêmes de persévérer ils risquent de passer – un peu comme l'ami *Marc* – à côté d'un style de vie qu'aucun bouquin ni cours au monde ne pourra jamais leur procurer aussi longtemps qu'ils n'auront pas choisi d'attaquer un vrai travail sur soi, avant d'entamer quelque entreprise que ce soit.

Mais comme je les aime autant que les autres, j'ai heureusement pour eux aussi une très bonne nouvelle : des moyens existent pour ne jamais manquer de persévérance et pour faire face au découragement, même dans les moments les plus difficiles et même pour ceux qui pensent ne jamais y arriver.

Si jamais vous craignez d'avoir un profil plus proche de *Marc* que celui de *Jérôme*, il n'y a vraiment aucune fatalité : J'en sais quelque chose pour avoir été dans ma manière de procéder, dans la peau du premier avant de m'inspirer davantage du second !

Evidemment tout comme la motivation, la persévérance ne s'achète hélas pas au marché du coin. Ça doit venir de l'intérieur, des tripes. Mais je vais tout de même vous révéler un petit exercice pour réactiver les bons mécanismes y compris chez ceux qui sont persuadés, à tort, d'être des cas désespérés !

RESSENTIR LES EFFETS DE LA PERSÉVÉRANCE

On peut se répéter 200 fois qu'il faut persévérer sans pour autant faire avancer les choses. Autrement dit la persévérance reste un simple mot dans le vide…

… Tant qu'on ne se remémore pas les fabuleuses récompenses qu'elle apporte quand on la pratique…

… Mais aussi tant qu'on ne se souvient pas des effets néfastes qu'elle provoque quand on la néglige, et de tout le gâchis que cela comporte.

D'abord, faisons un bond en arrière en nous projetant dans le passé. Ce n'est pas toujours agréable je sais.

L'objectif de ce petit exercice cependant, n'est pas d'être agréable mais d'avoir des résultats et en plus, une partie de l'exercice est très agréable au contraire !

Par contre, il faut vraiment jouer le jeu. Fermez les yeux et souvenez-vous pendant au moins 3 bonnes minutes :

1. Des évènements qui vous ont placé en situation d'échec, à cause d'un manque de persévérance. Ça peut être un examen loupé, la frustration de ne pas avoir conquis un ou une telle, etc.

Ressentez chaque moment désagréable, les conséquences, le mauvais souvenir que vous en avez gardé, vos regrets…

Ne déprimez pas trop quand même et ne perdez pas de vue que tout cela appartient désormais au passé, ce n'est qu'un exercice.

Comment vous sentez-vous ? Pas terrible non ? Bon, passons à la partie plus sympa de l'exercice !

Fermez les yeux et souvenez-vous pendant au moins 5 bonnes minutes, cette fois :

2. Des évènements qui vous ont placé en situation de succès. De ce que vous avez réussi à accomplir grâce à votre persévérance. Ça peut être un diplôme, un exploit sportif, un corps plus sain et davantage d'énergie grâce à une meilleure alimentation, ou tout autre élément de satisfaction personnelle que vous avez vécu dans le passé.

Souvenez-vous de l'effet, ressentez en vous la joie et la satisfaction intérieure éprouvées dans ces moments-là.

Comment vous sentez-vous ? N'avez-vous pas envie de revivre la joie, le plaisir, la satisfaction ?

Oui, cela appartient aussi au passé. Mais aujourd'hui, vous avez l'expérience et la connaissance vous permettant d'éviter les erreurs et de générer des résultats positifs dans votre futur, grâce au pouvoir incroyable de la persévérance.

Mais pour l'instant, il ne s'agit que d'en ressentir les effets. Ce qui suit est à propos de la redéclencher et surtout, de la maintenir toujours à un bon niveau pour produire le plus possible de résultats.

DÉCLENCHER LA PERSÉVÉRANCE

Vous vous souvenez du petit exercice qu'on avait vu dans la partie "La peur de l'inconnu", celui dans lequel on remplace "et si ça marchait pas" par "et si ça marchait ?"

Et bien vous pouvez l'adapter à la persévérance, en faisant l'exercice dans les deux sens. Vous me suivez ? ;-) Plus clairement : faites-vous peur, puis donnez-vous du pouvoir ensuite.

Oui je sais, on a vu auparavant qu'il fallait embrasser ses peurs, et les laisser partir d'elles-mêmes pour se sentir à nouveau libre !

Mais dans le cadre de cet exercice, une petite frayeur ne fait de mal à personne. Projetez-vous donc dans l'avenir en imaginant une à une les conséquences d'un manque de persévérance. Exemples :

"Si je ne persévère pas, ma situation va empirer de telle façon..." ou bien encore *"Si je ne persévère pas, je n'obtiendrai jamais ceci ou cela..."* Etc., en ajoutant à la liste de tout ce que vous rêvez d'obtenir, une autre de tout ce que vous risquez de perdre en manquant de persévérance.

Prenez conscience à quel point votre manque de persévérance vous bloque non seulement l'accès à tout ce dont vous rêvez mais peut aussi contribuer, en plus, à votre échec et à une dégradation de votre situation actuelle.

C'est fait ? Bien. Maintenant, dans l'autre sens :

"En persévérant, ma situation va nettement s'améliorer ! Car je vais..." ou bien encore *"A force de persévérance, je finirai forcément par obtenir..."* Toujours en complétant avec la liste de vos rêves, maintenant transformés en objectifs si vous avez bien suivi les principes abordés jusque-là !

Répétez ce type de petits exercices plusieurs fois si vous en ressentez le besoin, après tout c'est aussi ça la persévérance !

Soyez en harmonie avec la certitude qu'en persévérant, vous allez pouvoir non seulement améliorer votre situation d'aujourd'hui mais en plus, vous allez enfin pouvoir réaliser vos rêves ! N'est-ce pas déjà en soi, une excellente raison ?

MAINTENIR UN BON NIVEAU DE PERSÉVÉRANCE

Le "secret" pour pouvoir toujours persévérer sans faillir, n'en est pas vraiment un. C'est l'assemblage d'éléments bien combinés entre eux, tout comme les rouages bien huilés d'un mécanisme :

- Votre vision couplée à des objectifs réalistes, spécifiques et mesurables.

- Votre désir, votre niveau de motivation.

- Votre plan bien défini, avec un projet viable.

- Votre capacité à entrer en action.

- Le fait de suivre régulièrement des formations.

- Le fait de vous informer sur ce qui bouge dans votre domaine d'activité.

- Votre niveau de focalisation.

- Votre suivi des résultats.

- Vos améliorations.

Et, il faut bien le dire, une certaine dose de courage. Du moment où vous restez motivé par la perspective de vos objectifs sans jamais vous décourager, vous n'aurez aucun souci à enclencher tous les éléments puis à persévérer naturellement, en allant jusqu'au bout.

Car à ce moment-là, vous avez au fond de vous la certitude que vos résultats existent dans un futur que vous avez clairement défini, et ne sont pas la simple expression d'un fantasme d'argent facile.

CONCLUSION

Maintenant, prenons juste un instant pour examiner ce que vous avez retenu jusqu'ici.

Avez-vous un désir ardent de réussir ? Etes-vous disposé à focaliser vos efforts sur un projet défini et chiffré, spécifique et mesurable, en résistant à la tentation de rejoindre toutes les nouvelles "opportunités" qui sont susceptibles de vous détourner de votre but ?

Avez-vous choisi de cultiver votre patience pour prendre le temps de suivre votre plan, et vous faire à vous-même la promesse de ne jamais renoncer ?

Et enfin, êtes-vous prêt à vous mettre massivement en action pour transformer votre rêve en réalité, sans jamais cesser d'y croire jusqu'à ce que vous l'atteigniez ?

Si votre réponse est un "OUI" retentissant, alors il n'y a aucun doute : vous êtes sur la bonne route pour gagner beaucoup d'argent, en faisant de votre business en ligne un succès.

Si vous êtes plus hésitant, ma recommandation pour vous est de reprendre ce livre depuis le début pour vérifier ce qui a pu manquer pour que vous preniez enfin "le taureau par les cornes" !

Tous mes vœux sincères de réussite.

Jeremy Chevalond

A PROPOS DE L'AUTEUR

Issu d'un milieu simple, *Jérémy Chevalond* a totalement transformé son style de vie grâce à Internet. Marketeur discret, il a rejoint de nombreux programmes du web peu fiables avant de pouvoir faire une sélection, et vivre aujourd'hui largement de ses commissions en tant qu'affilié à plein temps.

Il voyage beaucoup, adore faire du shopping souvent et organiser de grandes parties de Paintball en forêt. Il est également passionné par les animaux, plus particulièrement les renards et s'occupe parfois de renardeaux orphelins avec une association.

Dans "*Comment devenir riche en ligne*" il dévoile pas à pas le plan d'action à mettre en place pour permettre à tout un chacun de se bâtir un business solide et lucratif même en partant de zéro, sur Internet.

Dans "*La loi de l'attraction : Les 7 clefs indispensables pour votre succès dans tous les domaines*" disponible sur *Amazon Kindle*, il révèle une à une les 7 clefs permettant de mieux maîtriser la fameuse loi de l'attraction.

DU MÊME AUTEUR

*La loi de l'attraction : Les 7 clefs indispensables
pour la mettre en ACTION*

La loi de l'attraction n'a rien d'ésotérique, elle est juste parfois présentée de façon quasi-religieuse alors qu'il s'agit tout simplement d'une loi de la nature, d'une forme d'"écologie" de la réalité qui résume pourquoi et comment tant de personnes vivent une vie malheureuse ou très pauvre, pendant que d'autres jouissent d'une excellente qualité de vie tant sur le plan matériel que l'affectif.

Si vous estimez ne pas encore avoir reçu de la vie tout ce qu'elle peut vous offrir de mieux, peut-être le temps est-il venu pour vous d'activer les sept clefs indispensables pour une bonne maîtrise de la loi de l'attraction.

C'est une loi qui permet incontestablement – si elle est bien utilisée – d'attirer le succès dans tous les domaines de la vie. Cependant elle soulève de nombreuses approches plus ou moins fiables et même si le livre *Le Secret* de *Rhonda Byrne* et *Jocelyne Roy* reste le meilleur livre pour en comprendre la partie théorique, peu d'ouvrages sérieux proposent une vraie mise en pratique.

Et puis, ceux qui le font ne permettent pas toujours d'en appliquer véritablement les principes dans la vie réelle. On trouve de plus en plus d'écrits sur le sujet, mais la façon dont la loi de l'attraction y est abordée tient plus souvent du mythe que de la réalité.

Maintenant qu'en serait-il pour vous si un utilisateur avisé de la loi de l'attraction vous dévoilait ses secrets pour vous permettre tout comme lui, d'en expérimenter concrètement les vrais effets, et d'attirer le succès dans n'importe quel domaine de votre vie ?

C'est précisément ce que fait *Jérémy Chevalond* – auteur de *Comment devenir riche en ligne* – en vous révélant dans ce nouveau guide sept clefs sans lesquelles la loi de l'attraction ne donnerait pas de vrais résultats, car elles sont autant de "catalyseurs" pour vous permettre de provoquer des effets mesurables dans la vie réelle.

Loin des théories fumeuses sur le sujet, dans ce manuel simple mais redoutablement efficace vous allez pouvoir découvrir :

==> Comment attirer le succès là où tant de personnes qui essaient la loi de l'attraction échouent.

==> Ce qu'il faut savoir exactement et simplement, pour vous assurer une parfaite maîtrise de cette puissante loi.

==> Que vous utilisez déjà la loi de l'attraction sans le savoir. Voici pourquoi, et comment la tourner à votre avantage... (Suite dans la 2ème clef).

==> Pourquoi la volonté ne fonctionne pas la plupart du temps, et ce qui fonctionne vraiment (3ème clef).

==> Comment éliminer d'un trait et totalement toute perspective d'échec, et ne générer que des succès grâce à une simple approche utilisée d'une certaine façon (5ème clef).

==> ... Et bien plus encore !

Ne loupez pas une de ces occasions que l'on a rarement dans la vie de saisir une vraie chance, et procurez-vous sans plus attendre les 7 clefs indispensables pour faire de l'attraction du succès une réalité de votre vie.